陳福成著

文學叢刊

光陰簡史

——我的影像回憶錄現代詩集

文史哲出版社印行

國家圖書館出版品預行編目資料

光陰簡史：我的影像回憶錄現代詩集
/ 陳福成著. -- 初版. --臺北市：
文史哲, 民 107.07
頁； 公分.（文學叢刊；392）
ISBN 978-986-314-415-1 (平裝)

851.486 107010686

文學叢刊 392

光陰簡史

我的影像回憶錄現代詩集

著者：陳福成
出版者：文史哲出版社
http://www.lapen.com.tw
登記證字號：行政院新聞局版臺業字五三三七號
發行人：彭正雄
發行所：文史哲出版社
印刷者：文史哲出版社
臺北市羅斯福路一段七十二巷四號
郵政劃撥帳號：一六一八〇一七五
電話886-2-23511028 · 傳真886-2-23965656

實價新臺幣三六〇元

二〇一八年（民一〇七）七月初版

ISBN 978-986-314-415-1 09392

序　詩：因爲不捨讓你淪落焚化爐

我從小就有保存記憶的雅好
不論古生代、新生代、近現代⋯
只要曾經緣起
必將那美好的意象洗出
真實存在的東西，摸起來有溫度
雲端太遠太無情，我不喜歡
我喜歡有質感，窩心又有感情的東西
我保存著，抱在懷裡
再一次眼神交流，與回憶對話
直到海枯石爛，天長地久

原來比雲端更無情的，是光陰
光陰的壓迫讓人無力反抗

老夫開始擔心，保存的記憶和因緣
遲早都被清往焚化爐
連垃圾化黃金的機會都沒有
我手腳顫抖了起來
陣陣東北季風吹入我快要銹壞的心窩
這是多麼感傷的事
雖說緣起緣滅，地球最後也要示寂
總希望不要太早發生在我身上
我決心為這些保存的記憶影像
寫傳、勒石、立碑，並有新家可住
新家環境好，有專人侍候，有預算可維持
你們可以永垂不朽
我就放心了
我不捨讓你們淪落焚化爐

我用心再一次端詳每一個意象
思索每一回倩影的深度
重新進出古生代到近現代

與回憶再談一場刻骨銘心的戀愛
然後沐浴淨身，向文字求情求緣
給我靈魂和靈感，在不知不覺的環境中
我的筆忘我的勃起，自動揮灑
痛快阿！為影像立傳於焉完成
我感到一陣陣快感，這樣你們才有新家
新家的名字就叫圖書館
我會為你們製作千百分身
讓天下所有圖書館都有你們的身影

送你們去圖書館不像嫁女兒
臨別我依依，落下一滴淚
這一滴淚，是全部人生的結晶
明亮如回憶，渾圓如情緣
卻也易碎，我小心翼翼地
典藏在我心海的小書櫃裡
也是影像的分身
這樣我深夜失眠，想要喚醒回憶

一親芳澤，可不必跑圖書館
多少往事又回來了，這些是老伴啊
有共同的因緣，曾經共有的歲月
歲月都是匆匆的過客，你們也是
大家都是，只有心中的慈悲不是
但要遠行，揣著不安和期待
把這些事都料理好了
完成千秋要了的心願
把你們全部昇華成如詩之黃金
典藏於金屋中，享受榮華富貴
我將沉睡二千年
之後，醒來，再與大家相見

附記：筆者從小有收集照片的雅好，到了網路時代雖有「雲端」，但雲端有不便之處。所以重要親友相聚，我仍會洗出照片，不須電腦也隨時可看。光陰無情，隨時壓迫著要把這些照片清往焚化爐。我甚不捨！我怎干心！用這個方法讓他們住進各大圖書館，永享榮華富貴，住金屋，吾乃安心。

台北公館蟾蜍山萬盛草堂主人
陳福成　誌於二〇一八年炎夏

光陰簡史：我的影像回憶錄現代詩集

目　次

輯三 穿過黑洞後

輯五 膨脹的宇宙

輯八　叮　嚀……二二七

輯一 大爆炸前

前排左起：二阿姨陳燕、舅舅陳火、筆者母親陳蕊
後排左起：五阿姨陳鶯、四阿姨陳品、表姊陳雪
地　　點：臺中龍井水裡社祖居厝
攝影時間：不詳，約民國七十年左右

大爆炸之前
沒有時間
也沒有記錄
不知道發生什麼事
那時
盤古尚未開天地

一代人的夢做不完
有第二、第三代
代代崛起
每一代都進行
一場大爆炸

夕陽

大地，你們迎向暮色
茫茫　渾渾
只是一陣陣
大爆炸

時間伸出一隻黑手
我看不到也不知道
碎成殘片的記憶
沒有夕陽哪有晨光

媽媽

歲月的飛車
無情的開走了
載著媽媽
飛向西方十萬億那片國土

一夢醒來
只有孩提時代的記憶
是甜美的
滿園甜美花香

如今已蒼茫的記憶

不久前我還腦袋清醒
記得龍目井的家鄉
村頭到村尾的聲音
記著你的少女時代

所有的記憶已蒼茫
連自己也快忘了
殘存的影像
是一隻隻遠去的小鳥

父親

你萬里長漂
落腳南蠻
命運是偉大的領袖們
掌控眾生命運

你逆來順受
也創造自己的宇宙
終於掙脫起點末站的糾纏
無怨

被老爸捉住

那年闖了大禍
被老爸捉住
逮捕歸案
送回部隊

他有天眼
看透了天使與惡魔
一路走來，如此艱難
山河都走成了路

光陰的行腳

那些故事依舊如新
只是光陰的行腳太匆匆
多麼希望光陰走錯門
好留住一些記憶

大家千山獨行
踽踽的行腳
無論如何，再也
拼不成原來的圖像

母親背的太累了

母親背兒背女，背山背海
背著一切
背著兒女未來的夢
她背的太累了

為什麼身為母親都這麼累
累死了老娘
兒女才得以壯大
人類文明文化得以傳承

小黑

那時你和我們一起生活
還算快樂
我已記不清你是怎麼走的
總之是命好

那個年代是你們犬族的災難
一黑二黃三花四白
你是成為香肉的首選
你真是好狗命

超過偉大的偉大

你們無怨無悔徹底犧牲
享受犧牲　犧牲享受
成就每個兒女一片天地
超過偉大的偉大

這樣的父母
人間不多了
我真誠向你們頂禮
我的岳父　岳母

想媽媽

想媽媽的想
如春天到了
綠色想念原野
大地的綠都靜不下來

而我是一粒種子的芽
時候到了
想念天空
天空想念著無邊無際

當我還是一粒種子

當我還是一粒種子時
宇宙大爆炸尚未開始
我在溫暖的土壤裡
等待春天

尚未誕生，基因已定
無論何時沿著原生河流
都能找到種子的故鄉
就算種子發芽長大遠行

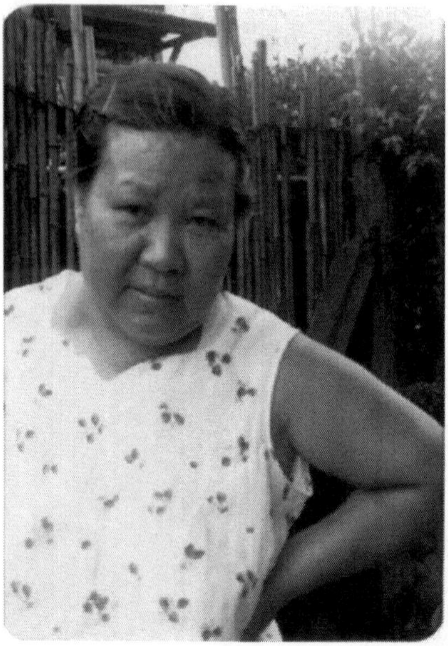

那夜，失眠

我真是長不大
這麼老了還想念媽媽
那夜，又失眠
所有的羊都迷失了方向

時間停格在自己的夢裡
找不到出口
迷亂茫然裡又昏睡
有夢囈都無回應

你定有夢

遠方呼喚你的姓名
向大海問天空
天地都不回應
因為海峽說不

你定有夢
只是那夢也說不
夢也拒絕了你
你寧可沉醉在想念的幻夢中

回家吧

漂流了半個世紀
還埋骨異鄉
現在該回家了
回到父母的家園

你獻身革命
追求民族復興，國家統一
大業未成
習大大會領導實現中國夢

獎狀
五月份射擊比賽成績特優
右給
鄭玉懷同志
中華民國 日

浪漫的革命者（一）

就在上個世紀
戰火在神州燒起
許多人被迫去革命
革命不是吃飯喝酒

讓淚水隨長江黃河流吧
流到一座孤島
卻在哪裡長了根
這是革命的意外

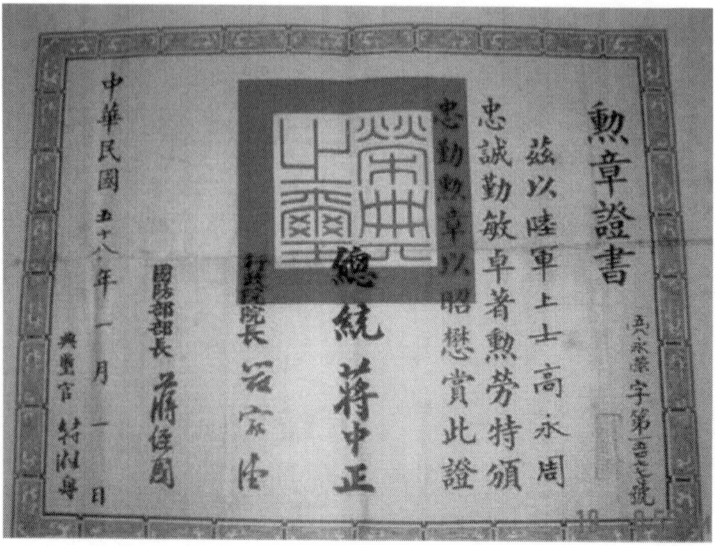
勳章證書
五八永榮字第[illegible]號
茲以陸軍上士高永周
忠誠勤敏卓著勳勞特頒
忠勤勳章以昭懋賞此證
榮典之璽
總統 蔣中正
行政院院長 嚴家淦
國防部部長 蔣經國
典璽官 [illegible]
中華民國五十八年一月一日

浪漫的革命者（二）

流落荒島的日子不浪漫
人生是一團幻影
唯一的安慰
「桃園三結義」可取暖
體內流著炎黃的血緣
母親在海峽那邊
隔空呼喚
你也該回家了

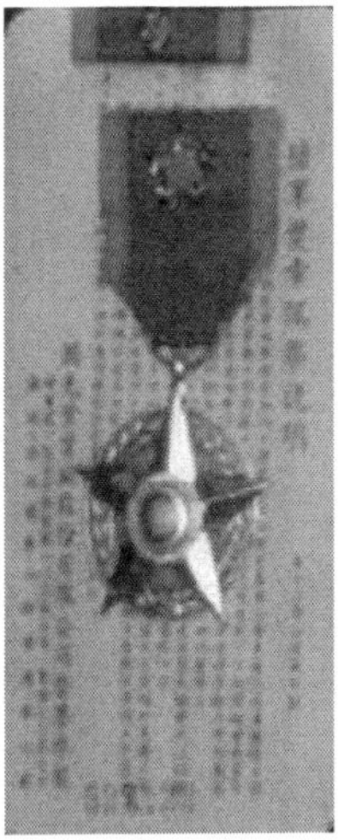

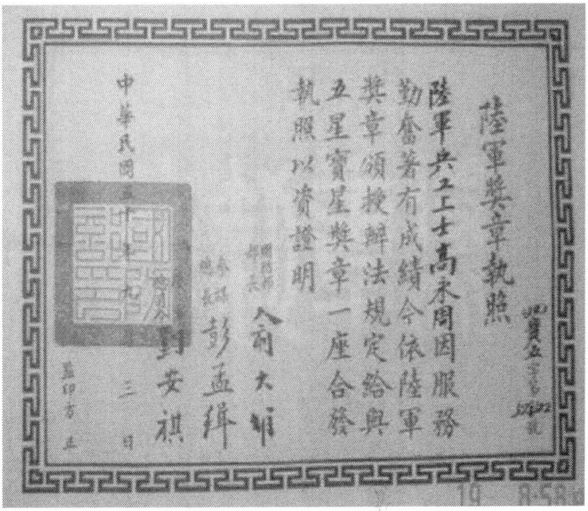

浪漫的革命者（三）

是該回家了
有史以來沒有孩子出走這麼久
可是
革命尚未成功　同志仍須努力

借著夜色　端起酒杯
對著寂寞和孤獨
大談國家統一的大未來
有夢，才最浪漫

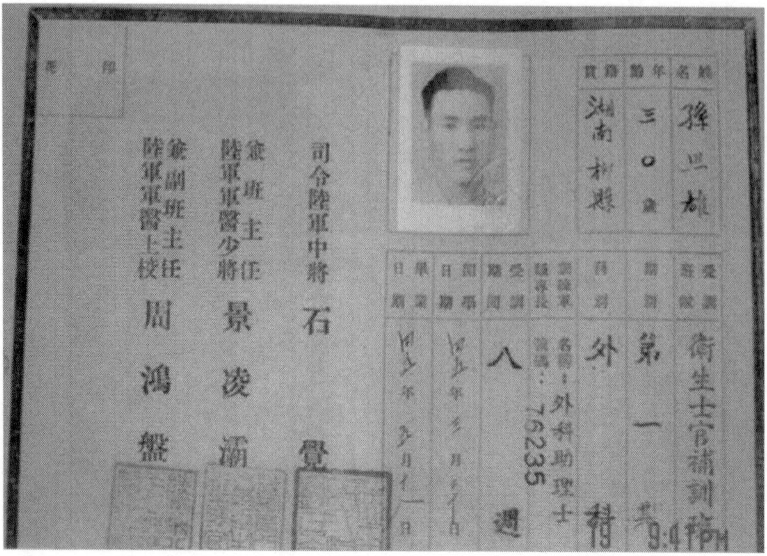

浪漫的革命者（四）

出走了這麼久
你也該回家了
雖大業未成
人生也是一場壯烈的革命

也是花開花落
都一樣的生老病死
革命也都在緣起緣滅中
自然會不感到哀傷

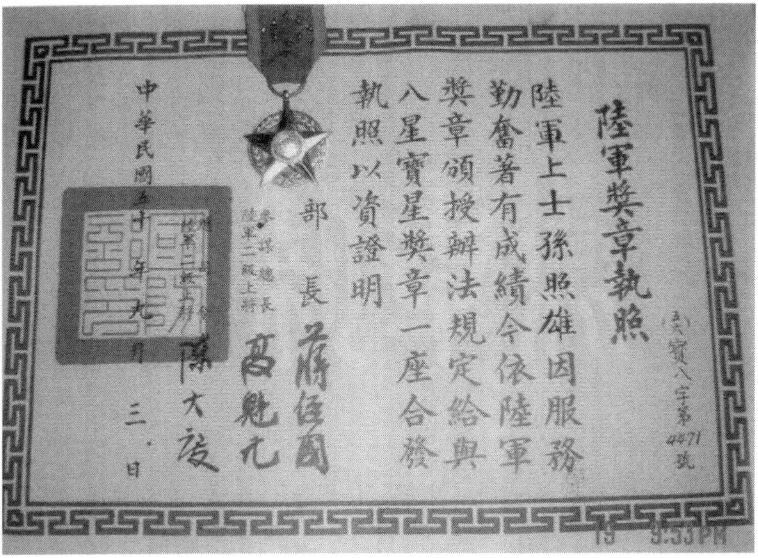

浪漫的革命者(五)

你們有哀傷的理由
傷痕累累的山河大地
誰來收拾
又有誰來承接革命大業

中華兒女自能療傷止痛
這一代的炎黃子孫
已然崛起
且勇於追求「中國夢」

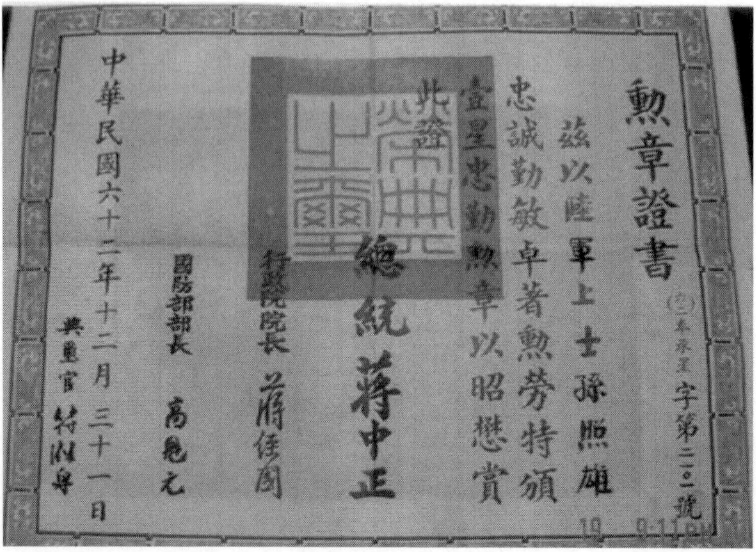

勳章證書

字第二二〇二號

茲以陸軍上士孫照雄

忠誠勤敏卓著勳勞特頒

壹星忠勤勳章以昭懋賞

此證

總統　蔣中正

行政院院長　蔣經國

國防部部長　高魁元

典璽官　特湘舟

中華民國六十二年十二月三十一日

浪漫的革命者（六）

你們都安心的去吧
三皇五帝　炎黃老祖
已經引渡了你們
這比革命浪漫啊

回到潔白如月的初心
我們的心感應著你們的心
這種前世約定的因緣
是多麼的浪漫

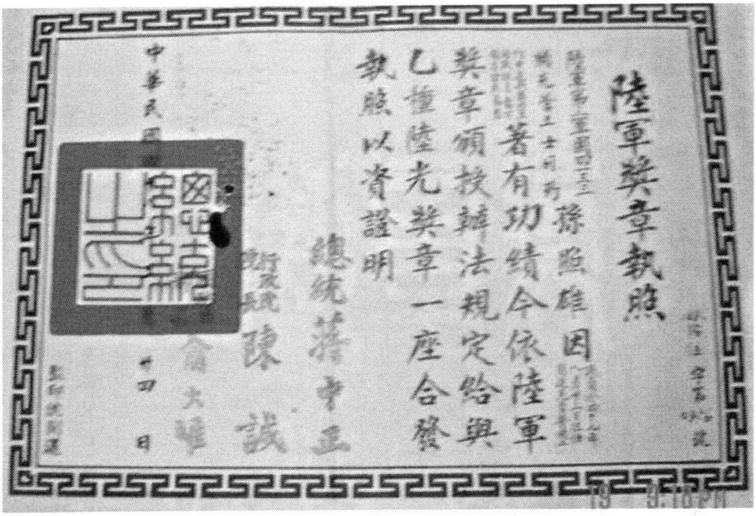
陸軍獎章執照
孫照雄因
著有功績今依陸軍
獎章頒授辦法規定給與
乙種陸光獎章一座合發
執照以資證明
總統　蔣中正
行政院長　陳誠
國防部長　俞大維
中華民國　　年　　月　廿四　日

浪漫的革命者（七）

說起革命，是你的浪漫
也是我的浪漫
每個朝代都走進你我夢中
夏商周……明清……

革命是一條永恆的路
光陰的起點通向末世
無解的習題
也是永恆的存在

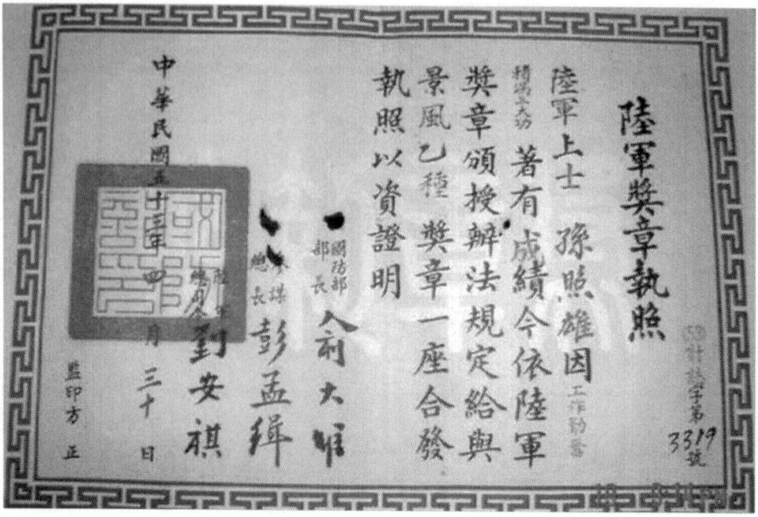

陸軍獎章執照

字第3319號

陸軍上士 孫照雄因工作勤奮著有成績今依陸軍獎章頒授辦法規定給與景風乙種獎章一座合發執照以資證明

國防部部長 俞大維

參謀總長 彭孟緝

陸軍總司令 劉安祺

中華民國五十三年四月三十日

監印 方正

浪漫的革命者（八）

走過紅塵
你完成一世使命
已如月光般浪漫
深情長留人間

至於世界會不會崩解？
山河是否又垮台？
人禍有多少憂傷？
因緣果報自有完善處理

曇花一現

那天真的容顏
在光陰的面紗中來不及回憶
也來不及換氣
一個時代就在浮沉中離去

匆匆一瞥
緣生及滅
在思緒的大海洋中
已經無法定位

輯二 大爆炸後——光陰的起點

光陰是從我們開始的
有了我們
宇宙才誕生
才有之後的
一切

我們啟航
探索我們的宇宙
命運向來都是反對黨
但我們也不好惹
我們始終掌控命運
在自己的手心裡

往事

都想不起來了
那些往事早已成了化石
依然可以考古
把那個年代挖出來分析

褪色的影像可以喚醒
喚醒整個失落的世界
回憶為食
其味，不變

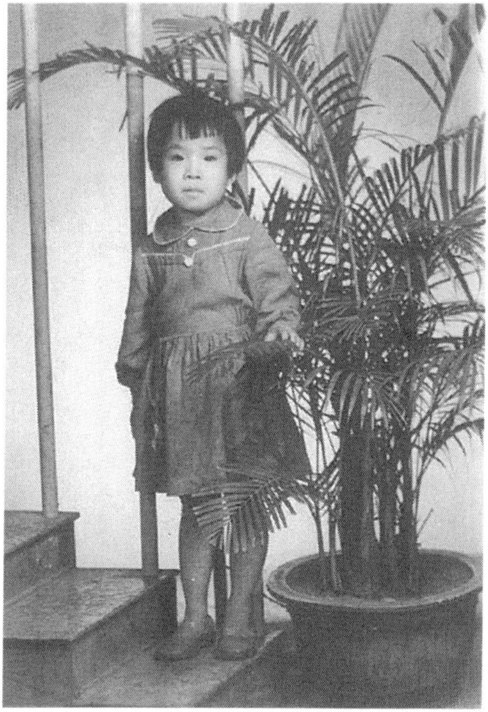

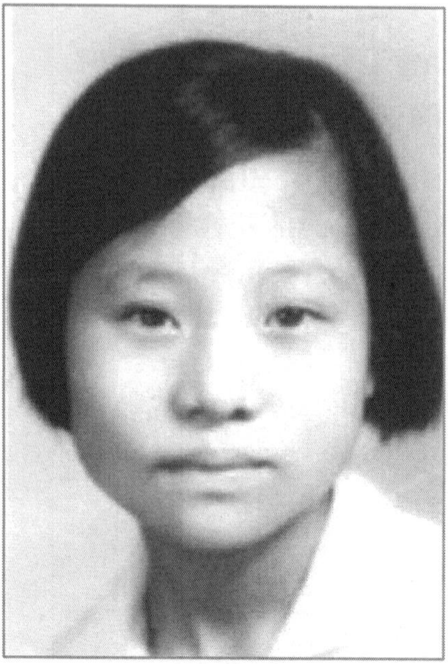

種夢

那年代就愛種夢
找個好地方
有土有水有陽光
堅持種下一株美美的夢

環境真是很艱困
土壤陽光都很稀有
妳努力守護灌溉
夢，終會長芽

比武

華山論劍還太遙遠
先在家門口練習
相信未來有一天
轟動武林　驚動三教

小小年紀，怎知
江湖不好混
更不知道這個世界
妖魔比人多

毋忘在莒

那時，我們靠毋忘在莒
靠毋忘在莒過日子
以毋忘在莒為食
為生

也靠毋忘在莒團結軍民
毋忘在莒讓我們壯大
毋忘在莒
是我們未來的理想

拙

現在看起好拙
那是何樣的年代？
大爆炸才不久
「北京人」誕生了嗎？

這房子還在
聯合國應列為世界文明遺產
無論如何美化
怎一個拙字了得

一座山的誕生

很多人不知道
娃兒是一座山的誕生
泰山和後山有什麼差別
山就都是一種靠山

後來的歷史得到驗證
她是很多人的靠山
她支撐起
幾個世界

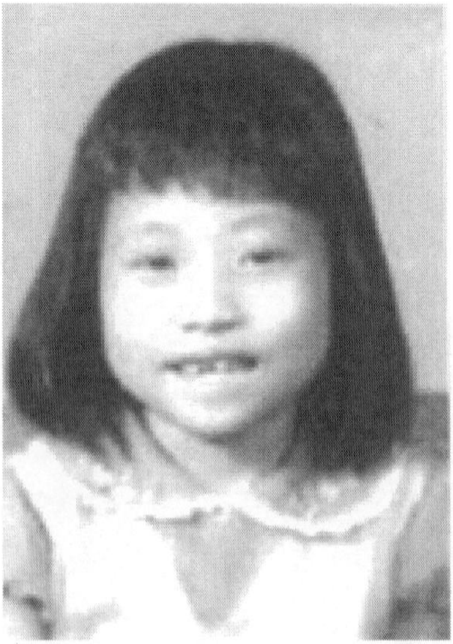

倒回時光列車

搭乘這班時光列車
再倒回
閉上眼睛，綿延無軌之道
倒退回到少女時代
追尋的往事
如迎風的蘆葦花
隨風滑行飄飛
只要有愛
方向不難把持

這是哪裡？

人界無常
萬事難以想像
這星球又飛到哪裡？
你們遠望

還望不到前景
只期待沿路有幸運草
所有未知的秘密
早些解密

家鄉的荒野

小時候常在這野地玩耍
從這頭望那頭
不知道荒郊野外再過去
是不是繁華的都市

僅僅是一個凝視間
童年走了，媽媽走了
原來光陰是一隻多足動物
在荒野跑得更快

妹妹小學畢業

大家都沒有鞋穿的年代
竟然也畢業了
照一張大合照
樹上的小鳥開慶祝舞會

那時誰知道畢業是什麼？
只傷心明天沒得玩了
沒有離歌
也是由樹上的小鳥幫忙唱

我也畢業了

只有校長和老師的腳
是尊貴的
在一窮二白的年代
能畢業已算尊貴

畢業到底要做什麼
大家也不知道
有人說回家和爸爸去種田
有人提到爸爸說快回大陸了

她也畢業了

但畢業也有啟航的夢
有些夢迷茫，黯淡了
有些夢失落，走不回原來的方向
不悔的期待，一再重新啟航

畢業了，在織一段夢
織成多彩的山水
雖各有各的夢
都是美麗的綻放

青春

花影含笑
驚豔了輕愁縷縷
遠近鳥鳴　搖曳光影
誰家少女有新鮮事

因為青春
蕩出歡歌笑語
我們都曾青春過
燃燒著　青春之夢

都畢業了

我們畢業了
也把一個時代畢業
有的已從人生舞台畢業
永不畢業是這張照片

生命如斯
要如何詮釋
說畢業非畢業
人生，只假設畢業

歲月不遠

歲月才從腦中滑過
歌聲不遠，不遠
青春時代的溫聲
永在心窩

光陰跑得再快
跑不了天涯，走不了海角
無論多遠
青春仍再手心

相聚

妳們報以陣陣清風
芳香了整個校園
朵朵花漾年華
感染一座嚴肅的山岳

大家都永難忘懷
曾經的歡樂
忽明忽暗在大河漂流
火熄或不熄都隨緣聚散起滅

如今人何在？

很久很久以前的那天
大家分道追夢去
光陰把半個世紀
撕成片片雪花

想要找到妳
所有的路徑都模糊
如今人何在？
是否雪花片片落滿山頭

光明街一〇八號

物換星移
溫馨的小窩已被叢林霸占
光明街一〇八號
是永恆的存在

存在的光影
喚醒這青春麗姿
僅管光陰已淹沒了一切
這裡依然是夢中的家園

白衣黑裙

這是一個時代的品牌
代言真誠和純潔
就是這麼簡單
簡單就是美

曾經何時
我們打碎了品牌
人與人之間不再單純
社會進化的方向是退化

軍訓

軍，當然是少數人的不得已
訓，有誰情願呢？
為了國家民族
我們需要

現在要把軍訓趕出校園
把教官抹黑
這是政客的需要
天，總是會變的

少女時代

妳的名字就叫少女時代
歡笑是共同語言
風從耳邊呼呼過
雲在眉間繽紛

少女時代長了翅膀
風又張起帆
駕著鐵馬到處飛
無憂無慮把名字寫在天空

掃地

晚霞被裁成片片落葉
在黃昏裡飛翔
掃地，只能掃地
掃不掉黃昏的記憶

看吧
讓妳看到光陰的行腳
踩在地上的足印
是掃不掉的

看吧！都生銹了

那時我們多青春
現在青春生銹了
所有的懷念和記憶
也已生銹泛黃

那時我們親愛精誠
現在親愛精誠早已銹壞
光陰都會生銹
人能不生銹嗎？

毋忘在莒最快生銹

毋忘在莒的光鮮亮麗
維持不久
毋忘在莒銹壞後
一座座山頭很快崩解

只有我們毋忘在莒的記憶
不會生銹
毋忘在莒常在吾心
頭上自有一片藍天

佛

那時候，我們大家都不知道
佛是誰？
住哪裡？
只知大佛是一方風景

經過很久，說不出的久
有人才終於知道
你就是佛，他也是佛
我，當然是佛

效忠領袖

想當年，我們都要效忠領袖
領袖是全民的領導中心
我們依靠領袖
食衣住行　生存發展

曾幾何時
領袖倒了，全民崩亂
許多新領袖出現了
滿街都是

時髦一下

春天是繁花似錦的舞台
每一種花都要盛妝展出
展示時間很短
就這麼一小段流行
只有光陰不趕時髦
讓人憂傷的問
春　何時再來
來了，再時髦一下

妹妹

平淡的日子裡
沒有留下輝煌的記錄
再記憶的皺折裡
只有姊妹是不朽的

打開記憶的盒子
咀嚼酸甜苦辣的往事
只有姊妹相依的心
永不衰老

年輕壯歌

那些年輕都成遠方壯歌
懷念的日子
在血液激動高歌
白髮三千丈
很飄逸
光陰已然發黃
還能想起誰的名字
再唱一回年輕壯歌吧
悄悄撈起一縷往日記憶

眷村家門口

有時日子很無聊
就站在眷村家門口
等太陽下山
就讓風吹著
把光陰吹成一隻野鴿子
老師說男兒志在四方
是一種幻覺
我也想不出熱騰騰的人生
要怎樣揮霍

當兵不是混的

當兵的都是真英雄
不能鬼混的
只有水鬼可以魚目混珠
而你，必須頂天立地

每天唱〈九條好漢〉鎮壓山河
任狂風大雨撲天蓋地來
泰山崩於前
你要混得過

這些菜鳥

班長說新兵不是人
菜鳥就是要磨
磨，磨出剛強堅貞的氣質
磨，磨出鐵一般的肉肉

萬里蒼穹，是你的豪情
歌聲能量，叫江水倒流
磨不死的菜鳥
叫戰士

狗朋友

我早就知道狗的真誠
牠絕不騙你，害你
這輩子最喜歡交
狗朋友

傾心相交
親愛精誠
人的社會到處是謊言
唯犬族是真心

大妹

就算山垮下來
仍然有路可走
就算所有的太陽死光光
心中仍有光

我們的人生只有向前行
當一個單純和快樂的過客
光陰佈滿泥濘
路上依然陽光有花香

大哥

我這位大哥
他自己說是雷公點心
這樣才像個戰士
瞄準，一槍斃命

你曾經為國為民為革命
獻出青春
至於人生命運事業…
都在無常輪迴中

光陰之歌

光陰糾纏著每一個人
光陰之歌，你聽不到！
光陰行腳，看不到腳印！
妳們的少女時代忽地不見了

到底光陰走到哪裡
要唱歌給誰聽？
越聽越不悅耳
因為驚恐，不敢聽了！

大妹二妹長大後，年代不詳

民５６年遊日月潭

秋纏

有夢在心中糾纏著
楓葉飄落
親吻大地的芳香
持續在風中織夢

思索著茫茫的前途
不知走向何方
在這兒小憩片刻
也許時空有了出口

去革命

懵懵懂懂，毛都沒長齊
說要去革命
要統一中國
我們胸懷大志，心包宇宙

從此入了黑幫
進了天牢
要經常站成不動姿勢
讓大人物來免費參觀

在省議會

想到這裡邂逅一段春風
或思索未來，在夢與現實間
打撈著議會風景
好製造一首詩

我在寂寞的夢囈裡
獨坐省議會
苦思古往今來
詩到底怎麼生出來的

生命的頌歌

生命都是一首頌歌
酸甜苦辣的曲調
不管怎麼唱
都是感動的歌聲

詞和曲都是自己創作
有時別人難以感受
就只管自在的唱
讚頌生命之多彩

輯三　穿過黑洞後

因為《決戰閏八月》
解放軍封我
「台灣軍魂」
是這輩子所得
最偉大的封號

那時我們有偉大理想
反攻大陸
解救同胞
……
現在，等
同胞來救我們

遊億載金城

想像這裡就是長城
在荒煙漫草中出土
抽出脊骨　移山倒海
歷史英雄的豪情回來了

中國人的悲情
中國人的骨氣
漸漸甦醒
千軍萬馬在長城飛奔

學生兵

別小看我們這群學生兵
已經準備踏上征途
玉山雪山不夠看
就是要在五嶽高來高去

槍林彈雨　鮮血頭顱
才是革命的壯歌
乘海峽浪濤鋪革命大道
是革命者的光彩

曾經憶起

曾經有這麼一段因緣
你帶領我們上山下海
僅僅是一個瞬間微笑
引起一生激動

物換星移中失聯了
但你長駐我心
回想當年風雨情境
風中竟然還有枇杷的香味

無題

世間的語言
難說！難說！
用什麼文筆詮釋？
不思議！不思議！

有的去見上帝或佛祖
有的在人間為魔鬼效命
翻江倒海或遠離紅塵
還有幾人不忘初心？

我們一起畫餅

我們都胸懷大志
決心要幹轟轟烈烈的大事業
凡事要做就要做到
最大，天下第一大

織夢，說開始就開始
大事業當然花很長時間
經過五十多年
畫了一個比地球大的餅

陸官預備班十三期

茫茫人海中
到處是疑雲黑點
畢業後走過「化龍橋」
就是一尾活龍

而我仍在找路
此後的光陰是一汪大洋
不見星星，不見路
地理環境成了永夜

在小金門當營長

當領導就要頂天立地
你昂首挺胸
屹立在群山
讓四週插天青松也低頭

就把烈嶼當神州
五嶽天山全都裝入我懷中
眼神要亮得
比日月星光還明

在高登當連長

當連長真好玩
每天帶一群兄弟守孤島
我們槍不離身
小心水鬼摸走你腦袋

盡忠職守等了兩年
水鬼始終都沒來
失望的離開　心中納悶
這是不是一場騙局？

在太武山上

我們也是一起畫餅的伙伴
專程上太武山
向鄭成功學習
畫餅技術

找到延平郡王觀兵奕棋處
畫餅智慧典藏於此
是否看到或學到？
就看悟力了

在金門的日子

戰區的日子說來平靜
兩軍講好不打仗
我們也好浪漫一下
哥倆好去賞花看景

不打仗的日子真好
忘記北伐中原統一中國
讓理想深埋夢中
這微笑就成永恆

風光（一）

人世間無論多麼平凡之處
總有瞬間不凡的風光
緣起則聚　緣散則滅
尚未入滅者
是這幻覺影像
光陰都已入滅
就讓這風光
永恆不滅吧
老的時候才有值得咀嚼的記憶

風光(二)

風光何在？
風光來自四周景觀
沒有周圍景觀
便無風光
所以感恩這些大兵
但願營長當年的練兵
練成你的軟硬工夫
去面對人生另一戰場時
也風光

在金門武揚坑道內

很長一段時間
我是山頂洞人
砲彈是不長眼睛的
大家只好躲入地底層
穴居
曾是老祖宗的生活模式
也好，躲起來
看不到敵人在哪裡？

講經說法（一）

練就一身兵法
讀遍武經七書
不講出來
人家不相信

兵者，詭道也
能而示之不能，有而示之沒有
有無相生
聞之者，有聽沒懂

講經說法(二)

很多人要聽我講經說法
我說戰略高度決定
人生的高度
眾生恐慌大野狼來了怎麼辦?
我說按戰略判斷
大野狼還不會來
最要擔心的是
島內一群豬會
引狼入室

喝酒的好處

一杯酒能消萬古愁
紅藍兩軍就講好
坐下來喝酒
酒桌上好解決問題
可我不勝酒力
一杯就快醉倒
也好忘卻今夕何夕
讓人世間的悲歡離合
都從戰區消失

懷友

你從神州天空飛來
光陰向你傾斜
陽光傾斜朗照我們
在同一條船上
醞釀友誼
又突然各自分飛
雖有鴿子
從一個窗口飛到另一窗口
還是難以飛越一座高山

讀研究所求知識

在迷霧中航行三十多年
找不到可以定義的
島
終於在這兩年找到
知識寶典
讓人脫胎換骨
後半輩子的智慧知識
由此開展
建立自己的知識帝國

命運

有時候不得不臣服於命運
不要抗拒牛頓的說法
可以過得比較自在
雖不可抗但可運命
運之轉之
黑夜之後必有黎明
苦難和屈辱化成過耳的風
黑夜又來定有眾星

旅人

千山獨行
碰到一個同路人
他走在太陽升起之前，我的
影子，掉在落日之後
短暫有交集
那些國家民族和憂傷
又走成兩條平行線
腳下起伏的山河
傳出孤獨的腳步聲

金防部政三組（一）

遙想當年長江黃河之水
向南奔流
把許多生命奔入大海
不久我等擋住奔流勢頭
在這裡重建地下基地
相機北進中原
我們在太武山下
武揚坑道裡
策謀大軍北進之道

金防部政三組（二）

我們在武揚坑道裡躲了很久
策劃重整山河之理想方案
各種陰謀或陽謀都使盡
找不到可行成功的作戰計畫
天長地久有時盡
北伐中原無始期
大家忖度著不能一輩子躲在地底
都一個個去找尋屬於自己的
溫柔鄉

定律也會成爲破鞋

那時三民主義是一種定律
比牛頓三大定律重要
我們都靠三民主義吃飯
拿一個三民主義論文獎
是升官的加分
奈何天算不如人算，不久
三民主義被當成破鞋
丟得滿垃圾坑
我想牛頓定律也快完蛋了

我們

我們人五人六的站成一排
至少國民革命軍的氣勢
需要維持
假相，也不能讓人看出
或讓紅軍看到了
也能得到一些尊重
顏色已不存在二分法
一切都會成為過去
包含顏色

我們這一掛

有時真想打自己一耳光
革命大業失落得只剩下
吃吃喝喝
火砲，只能從嘴裡發射
作戰計畫裡只有八卦
漸漸的雪花在頭上飄
祖國依然在夢中
但眼見中國崛起
存放半個世紀的心事正消釋中

想起哪段緣

回憶是朵朵淡淡的雲煙
飄在木柵茶園半山間
一條路地連著天
村前炊煙想起哪段緣
高梁酒配花生
四季風雨　醞釀
友誼更綿長
說因緣奇妙
更像流傳久遠的神話

八百壯士(一)

往昔八百壯士抵抗倭人侵略
現在的敵人更恐怖
是一種變形乃至無形
內部的邪魔歪道
包著層層糖衣
詐騙與吸血的鬼
最後將人民全送入火葬場
八百壯士無力可回天
因為絕大多數人無感於滅亡臨頭

八百壯士(二)

面對一群強大的魔鬼
不能低頭
更不能投降
我們守著指揮所
留住一點正氣
島內群魔亂舞
吃人民肉喝人民血
正氣之火就剩這一點點
根苗，不能熄滅

八百壯士(三)

同學們怎麼辦？
一股勢力在彼岸
林毅夫在招喚
一股勢力在此岸
嚴德發為魔鬼代言
我們在中間
被許多黑暗勢力挾殺
我們雙手空空
我們何去何從？

黃埔二八期孫大公

當我們年少的時候
你培養我們英雄戰士的氣質
長出一身豪情一身膽
又感染你天下為公的精神
雖然你已取得
西方極樂國的簽證
大公精神永在人間流傳
這黃埔二八期的榮耀
春秋史冊定會秉筆直書流芳萬世

當作家

很多人說提筆千斤重
寫作比生孩子難
其實作家就是坐家
靜心坐在家裡自然成作家
我一坐五十年如入定
文思詩靈
如火如浪　如夢如幻
你的國土寬廣
不思議！不思議！

遊行示威

朝廷之上沒有一個是人
蟑螂獅虎鱷魚肥貓
大街小巷黑影幢幢
狼犬蛇蠍蝗蟲蛀蟲
我們起來遊行示威
而在虛空中
魑魅魍魎飄來飄去
佈滿這魔鬼島
我們起來示威鎮壓

輯四　時空的擴張

老家的絲瓜和香蕉不種了
新家和老家之間
路越來越遠
偶爾回去找一件童玩
如煙的往事湧上心頭

割捨不掉的過去
小時候一起玩的童心
都回來了
離開的時候還都帶著
走向天涯的路上

歲 月(一)

歲月一去不回
他透過記憶想念我們
想念那時的愛
多麼單純
歲月品味所有回憶
想念終是追不上火車的軌跡
怎麼想歲月都回不來了
我只好握住現在的歲月
明天來不來？

歲 月（二）

歲月走了，你們才長大
我們變老
你們的世界越來越熱鬧
你們的宇宙在擴張
我們的世界越來越靜默
我們的宇宙在萎縮
哪個偉大的科學家說
宇宙間有蟲洞存在
真是騙死人不償命

緣，睡在琥珀裡

這瞬間的可愛因緣
瞬間就入睡
在琥珀的溫牀裡
歲月如斯
緣始終沉睡
外面的世界過了幾億年
緣似已永遠不醒
在琥珀裡睡到海枯石爛
當個不醒的睡美人

水邊・幸福

春天，染綠了山頭
歡笑如水，在水邊遊戲
看山，漣漪在笑
水聲不老，青山也不老
這是我們在一起最幸福的時候
若幸福永不老
是多麼的美好

媽媽的手

媽媽的手牽成一個世界
溫柔的河岸
有一泓甜蜜的湖
她的慈愛
長出了翅膀
為你編織最美的神話
你的小腳丫走向更遠
媽媽就放手
你去追尋夢想

愛，依然原始

我們保持著原始的愛
與老祖同步同行
我總會找到回家的門
門自動敞開
人臉識別很早就有
家就是這麼自然
在一次又一次的回家中
我在門口頂禮膜拜

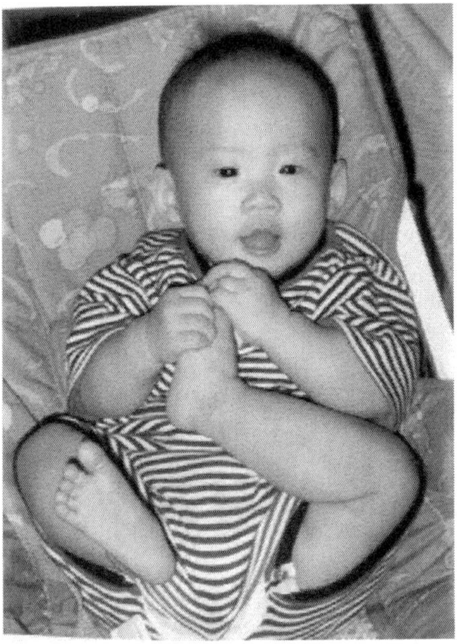

從吃腳開始

想未來吃下一個天下
都從吃腳開始
行萬里路
始於走出第一步

這時候吃什麼都好吃
以後妳會知道
人生的酸甜苦辣
不好吃也得吃

妳的第一次畢業

這是妳的第一次畢業
大家都畢業了
生命歷程有很多次畢業
會越來越困難

又一個開始
生命的律動奔騰不息
奔向很遠很遠
追求妳的第幾次畢業？

童，玩

幼童的世界
就是一個玩字
一個玩字是愛與成長
一件玩具豐富整個夏天

笑聲
是故事開始到結尾
大聲的笑吧！
往後的笑聲會越來越少

小朋友是一首童詩

小鳥飛來飛去
唱歌跳舞
迎接春天來了
紅花綠葉彩粧大地

無憂的童年多好
小朋友是一首童詩
不立文字
才是永不銹壞的童詩

珍惜福山

我命中有福
珍惜成山
今後仍一直珍惜
共有的福山

命中有福
也容易流失
在你不注意的時候
千萬小心維護

牽手

牽手說來容易
就是手牽著手
難度也高
很多牽著牽著分手了
我們牽手快四十年
多漫長的歲月
持續牽著
牽到地老天荒

不遠山莊的美夢

這晚在山莊做個美夢
夢見全家在夢中
都不肯有夢話
怕驚醒大家

我夢到在湖上漂
妻的髮如雪飄
山莊在深山漂流
我急著找人解夢

日月潭

藏在深山裡的太平洋
乘著記憶尚未成化石
全家來尋寶
寶物何在？

山巒煙嵐是哪一派畫風
泱泱海域中
留下所有美好的回憶
老的時候才有得考古

泡茶

有的是開水
有的是茶葉
泡出香郁
各造都重要

我們隱藏
在水中擁抱
一些時間
泡出美的顏色

典藏美感

這溫馨深值典藏
微笑裡有禪意
湖心漣漪開花
在每人心中劃圈圈

微笑是開展翅膀的蝴蝶
花園裡翩飛
天成自然的美景
要永久典藏在靈魂中

無關

青山擋不住飄雪
青春蓋不住蒼白
青絲突然就白了
凡此等等
都和快樂或滿足無關
你生產的產品
看來不錯
她們會有市場
乃至一個天下

站成一排詩

我們站成一排詩，或
一行詩
名詞、介係詞、形容詞多
而動詞少

就是生活嘛
這裡吃吃
那裡玩玩
有詩意就好

緣起

緣起聚攏
大家論說自己江河的澎湃
留下一幅華美的版圖
不願意留下的是光陰

光陰說他非走不可
那些版圖成海洋
因為夢尚未有成果
大家很快各自回山修行

光陰這回不走了

這是因為光陰不走了
青春的天倫才留得住
只是這瞬間
光陰又說要趕路

趕路，居於職責
也要帶走幾個人
我們來不及反應
人已被帶走

輯五 膨脹的宇宙

腳步始於斯
生命開展於斯
因緣俱足中
又一個新世界
誕生了

其實我是容易滿足的人
只要手上抱一個
就夠了
多了也抱不動
一秒鐘的擁有
也是擁有
人生曾經擁有就好

也滿足了

有了
擁有一個世界寶物
還要什麼？
沒有什麼可以再擁有
四季無差別
永遠是春天
光陰也不走了
現在就是永恆

留一封信給未來的你

想給長大的你留一封信
夜已深
四季風在外頭吹
以前寫的信已成灰燼
看到很多人過去了
往事成古蹟，前塵如浮夢
寫一封信留給未來的你
要說什麼？船過水無痕
只有舅公曾經存在的證據

土親人親

沿著血緣的方向
都是一種情
不論成分多少
都是人親土親

沉澱著父輩的憧憬
扎在土裡的根
可以感受到
這種愛別處沒有

你的大喜從山東來

你的大喜開啟
兩岸一家親
除了獻上無限祝福
我牽念著你老爸

他的魂
穿越時空而來
他一定去了山東又回來
帶來山東的土和水

看這四張嘴

四張嘴張開
開成一座湖光山色
不言
甜美果香在湖中悠盪

桃花春風在她們臉上
舞動歌唱
快樂美好
感染了一個世界

努力解決人口問題

他們很努力解決人口問題
手中抱著大獎
我也抱一個
重量比李白杜甫的詩重

一個個沉甸甸的
散發詩的芳香
他們未來會沿著祖靈的方向
為中華民族爭光

人類的前途在這裡

別小看這裡
我們抱著人類未來的前途
台灣、大陸、世界
他們會闖出何樣的江山

科學家憂心人類會消失
大家看看這裡
就放心了
大家放心，我也放下

夢，是會成長的

那時恐龍還在
大家還小
但夢，是會成長的
一飛就過了千萬年

現在回首思念的味道
你還記得嗎？
光陰和味道都淪陷
激情於夢，不要再成長了

童年的世界

童年的世界無邊無際
建國小巷就大不得了
可以把天拉下來
把地翻過來

把小巷玩成大海
在這海裡
移山倒海　發動戰爭
無所不能

一輩子辛苦有代價

有機會辛苦多麼幸福
很多人沒機會辛苦
你辛苦一輩子，換來
啥米好康都在陳府

老人家喜歡你
小傢伙愛你
一屋子歡樂在一起
想想人間菩薩不過如是

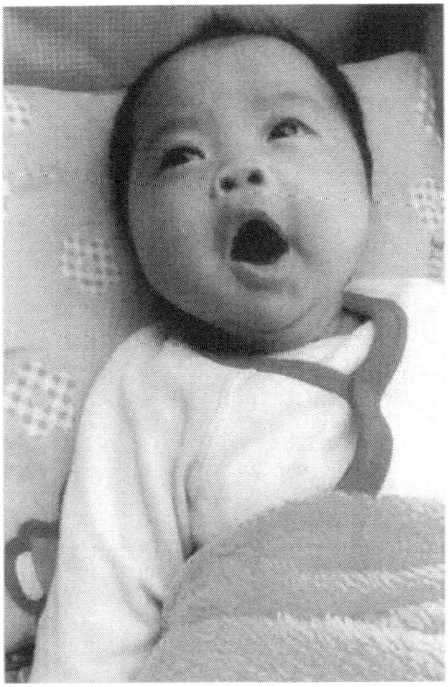

好大的口氣

好大的口氣
氣壯山河
預示未來
想要做什麼？
想做什麼就做什麼？
憑這大氣
喊水，水會凍
叫山，山會來

太滿意了

滿意都寫在臉上
比銀行有存款更滿意
杯中裝的滿意溢出
是謂太滿意

成功不必在我
當四週全是滿意
你的不滿意也滿意了
滿意的瞳孔會醉

發了

舅公真是發了
擁有這麼多快樂
也就不要胡思亂想
這不是發了這是什麼？

還有更多的
以後他們當了領導
或百大首富
都和舅公有關，真是發了

帶著媽媽繞地球

一家老小有夢想
帶著媽媽繞地球
偶爾地球繞著你們轉
路，其實不遠

遠的是心
不論路有多長多寬多遠
不過就是一條蜿蜒的臍帶
通過血管連著心

杯盤狼藉

吃飽喝足後做什麼？
滿意的說八卦
不滿意的說再煮一鍋童年回憶
撈月烤成一張餅
回憶醞釀的酒
你一杯醉生
我一杯夢死
杯盤散落地球表面
這就全部都滿意了

愛笑

愛笑的各種花都開了
玫瑰的笑靨最鮮艷
樹也開花
都是來自幸福的土壤

微笑語言傳播最快
春風掀起的漣漪
一瞬一息是那麼自然
我們就是笑的沁甜！

團圓

求一個圓很難
要一整團都圓更不容易
月亦有陰晴圓缺
我們則常團圓

圓要有心
大家都想念心的呼喚
心連心
就團圓了

一路走來

從困境掙脫
經千里長征
大肚、沙鹿、新社、太平
孤困的身影觴逝

永不放棄
竟繁殖了這麼多
代代新生　日愈繁榮
他們的夢想就要啟航了

輯六 自由之星

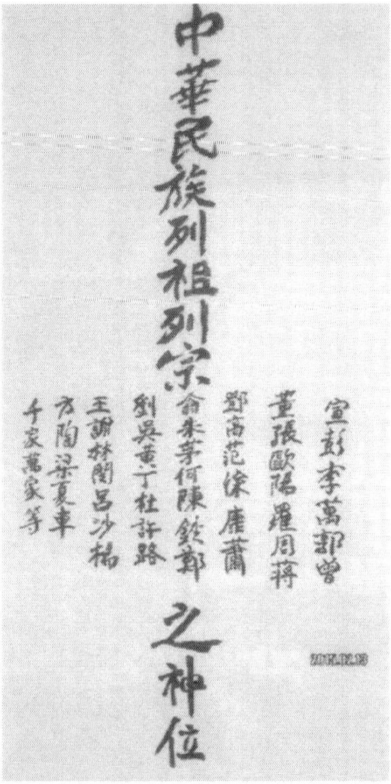

中華民族列祖列宗
你們的英靈今何在？
敗家子正在出賣祖宗
邪魔歪道盛行
禍害國家民族
魚肉人民
列祖列宗顯靈啊

馨香一枝
呼喚祖靈
來格來嘗
台大退聯會至誠的邀請
這天晚上
我不顧夜黑風高
我提著靈魂上天庭
向列祖列宗報告台灣現狀

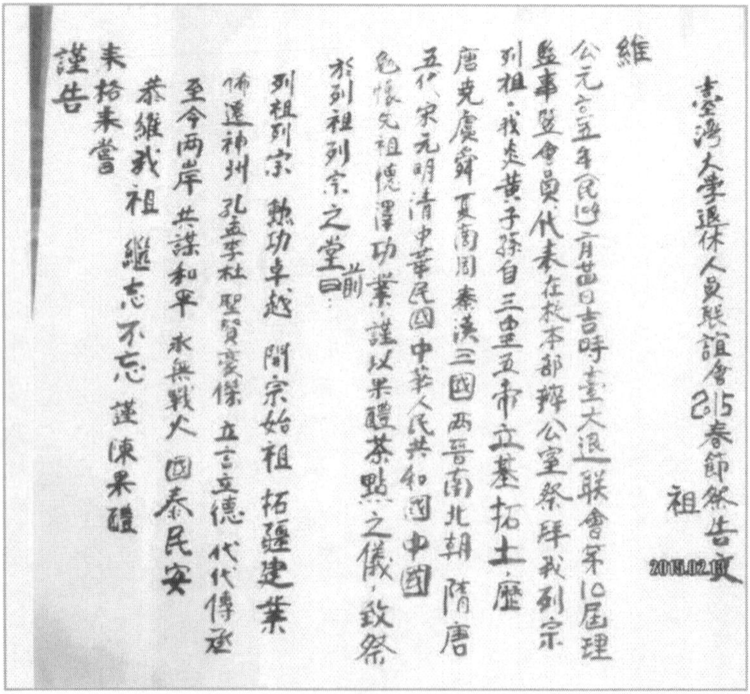

臺灣大學退休人員聯誼會2015春節祭祖告文
2015.02.1
維
公元二0一五年(民104)二月十二日吉時臺大退聯會第10屆理
監事暨會員代表在校本部辦公室祭拜我列祖列宗
列祖、我是黃帝子孫自三皇五帝立基拓土歷
唐堯虞舜夏商周秦漢三國兩晉南北朝 隋唐
五代、宋元明清中華民國中華人民共和國中國
忽懷先祖德澤功業，謹以果醴茶點之儀，致祭
於列祖列宗之堂前曰：
列祖列宗 勳功卓越 開宗始祖 拓疆建業
佈道神州 孔孟李杜 聖賢豪傑 立言立德 代代傳承
至今兩岸 共謀和平 永無戰火 國泰民安
恭維我祖 繼志不忘 謹陳果醴
來格來嘗
謹告

向老將軍謝禮

想當年金馬台澎
你守住了
而北伐統一之事
就交給下一代吧

退聯會理事長不用槍砲
你率領著一批批老人家
進出長江黃河
也算登陸了

千歲宴

為老壽星辦千歲宴
大早一群老子
炯炯有神而來
老友相見故事說不完

校長親自來同樂
祝福各位長老們
千歲千歲千千歲
這珍貴身影永住校史

臺灣大學退休人員聯誼會
理事長：
你的關懷和付出
我深深感謝永記腦海
106 5.20 鍾太太

鍾老走了

你也是老革命
革命之路太遙遠
幾代人才完成
剩餘馬力貢獻台大

老驥伏櫪
還有煞不住的馬力
你福壽雙全走到這裡
退聯會永遠懷念你

代表退聯會感謝你（一）

感謝的方法很多
立銅像太危險了
因此，你立在
會員的心中

你是第四任理事長
你話不多
來的時候辦公室成一道好風景
只有和諧讚美

代表退聯會感謝你(二)

雖然天命是丁
做的事都是甲上特優
馳名兩岸的丁教授
神州天地已是你的辦公室

你是第七、八任理事長
率領老友東征北進
承先啟後　打好基礎
我輕鬆接班

代表退聯會感謝你（三）

你比政府早到台灣
成為台灣大學的活校史
人生史話比創校更久遠
方教授，台大以你為榮

你是第三任理事長
在潛移默化中
把中華文化的種子
栽種在會員土壤裡

俊歌，人生旅途上的貴人

我在台大都靠你，貴人
引領我加入台大各社團
因你，人生有方向
帶我入佛門，識佛法

現在大位傳給你
你是台大退聯會第十一任理事長
負責領導會員
推翻台獨偽政權

主任秘書林達德教授

你遠遠走來
已感染一片清風明月
用詩意和微笑致詞
大家如坐春風

台大的生態環境多樣性
諸多物種不依牌理進化
把風浪化成一粒詩的意象
這是何樣的能耐？

留住青春和孝行的感動

看啊天上星星飄下來
在這裡一閃一閃
閃著亮晶晶的微笑
讓上午和黃昏同在

所有的星星約定
把孝行留住永流傳
見證在這濁惡世界裡
人間依然有光澤

取夢致詞（一）

有夢最美
所以我取夢致詞
我們台大人退休了
要持續織夢

織夢身體好永青春
白日夢讓人壯大
夜裡的夢醒來
軟綿綿的山上一抹幽香

取夢致詞（二）

責任可以風花雪月
學術裡藏些詩的意象
你任意散發江南氣息
他自由創作廬山煙雨

如此，可以化解世界大戰
消融人生的罪惡
我們都退出江湖了
要做些自己的夢

新春團拜

我們都在新春團拜
老年的你看起來很春天
輕亮的鳥聲熱鬧著
空氣中飄幾朵花影

江河依然湧動
笑語瀰漫新春草原
不論光陰多麼情緒化
新春記得來團拜

宣佈本會快樂辦法

當理事長要給會員謀福利
最有價值的福利是快樂
今後生日大紅包裡
裝著滿滿的詩意

會員聯絡一律尊稱千歲
重要節慶在夢中辦千歲宴
遠離現實糾纏
最能得到真快樂

別碰有毒的

別去碰有毒的
一碰　激活體內的癌
劇毒在歲月裡
複製更多毒
毒死你的整個世界
別給它食料
切斷它的能源
它的世界自然枯萎
而你，壯大

台大逸仙學會

逸仙被趕出台大校園
我們是有氣節的一群
穿上隱形衣，堅持不走
堅持修行逸仙大法

國人把逸仙溺成水中月
只要孫中山
我們撈出水中月，烤成大餅
用來救國家民族

台大秘書室志工

志工以無求為貴
以不食人間煙火為修行
煮雲成飯，供養來客
不收取任何銀錢

人來人往問道於我等
答以按清風明月方向處理
還有問題，掛在西窗
叫明月咬走

和哲學家在一起

我們乘上你長出的翅膀
飛翔，過三千大世界
上升，到二十八重天
全部行程，在酒肉間完成

郭文夫教授
你是老莊最後關門弟子
還是茅山道士轉世
世界在你手上被玩弄著

慶生會當詩人節辦

我們把慶生會當詩人節辦
不傷逝，又浪漫
把光陰放逐於浮雲外
八千里路在這舞台

唐詩再唱千年不厭倦
讓生命在詩畫中長生
生活多麼詩情畫意
這不是比吃喝更健康嗎？

教官餐會

朝代有興衰
台大教官室已然空門
黨所交待的煩惱絲已落髮
空城計後只剩老榮民

風風雨雨的騷擾
四季不停
人都散發黴味
在酒肉中找到救贖

三兄弟

我們一起到神州找共同的根
三黃五帝都來指路
根就在我們腳踩的土地裡
開枝散葉成一片秋海棠

兄弟三人編織大夢
我們的春秋大業
將由中國全民民主統一會實踐完成
屆時徒步繞台一圈以示慶祝

官俊榮教授

你天生是當官的料
但無官不貪、無官不奸
你看起來都不像
像個讀書人

不論坐哪張椅子
都不換腦袋
始終如是
這顆頭長在頸子上

怎樣帶好一個團體

要把一個團體帶好
就把大家當情人
業務報告寫得像情書
資料裡是滿滿的愛

致詞要短，約迷妳裙半長
用甜言蜜語訓話
人人都是你的情人
你則是大眾情人

動詞越來越少了嗎？

越來越被名詞寇詞等困住
動詞找不到出口
越來越不想動
絞盡腦汁，想辦法

輸入青春的詩意象
跨出第一步腳印
走出去
動詞越來越多，多起來了

林奕華來演講

我們退出校園
牠們進去了
此後，很多人被野獸霸凌
最後是豬統治了校園

我們退出校園後
在外面放羊吃草
很多孤立無援的羊
被獅虎當成王品牛排

唱人生壯歌

唱歌可以改變旅途的顏色
沙漠唱成綠洲
森林唱成海洋
端看你怎麼唱歌

江湖有江湖的氣息
大海有大海的性格
你有你的歌路
只管唱你的壯歌，使顏色改變

這一次的畢業

這回的畢業沒有感傷
沒有離情的依依
沒有鳳凰花的煙火慶祝
同樂會的歡樂漫延著

漫延在人生旅途上
散發夢想的光熱
把這記憶留在腦海
激起靈魂中的馬蹄聲

彈吉他唱歌（一）

彈吉他唱歌給北風聽
四極都醒來
北極村到曾母暗沙
噴赤河到伯力

祖靈都聽到了
長江黃河的龍聽見
男女老少嬰兒都聽見
走和未走的人聽見

彈吉他唱歌（二）

荷一把吉他耕耘
把愛耕出來
就長出動人歌聲
餘音種心田，永不絕

感傷和苦悶會在風中醞釀
轉化成熱情
帶著吉他去流浪
唱出人生的壯歌

緣的路上相遇

在這裡相遇
留下倩影
影子不孤，今夜有夢
夢見影子和人私奔

我們千山獨行
影子相隨，感傷嗎？
那就當詩人吧
潛入詩行得永生

我們一起遛時光

時光不多，所以要遛
要把時光牽在手上
不能跑掉
可以把黃昏遛很久

在校園，時光乖乖慢慢
變成一隻大笨鳥
讓你遛的步伐變慢
我們一起遛，互相遛

輯七　星宇飄香

生命中的貴人
一個方向感好
帶大家找到佛陀
一個最懂因緣法
我們就一起在台大當志工
志工以無求為貴
故吾等皆為貴人

三個佛碰到一個上帝
沒有爆發宗教戰爭
量子糾纏到是有
我們共同完成一個
簽約儀式
今後地球上沒有宗教
戰爭

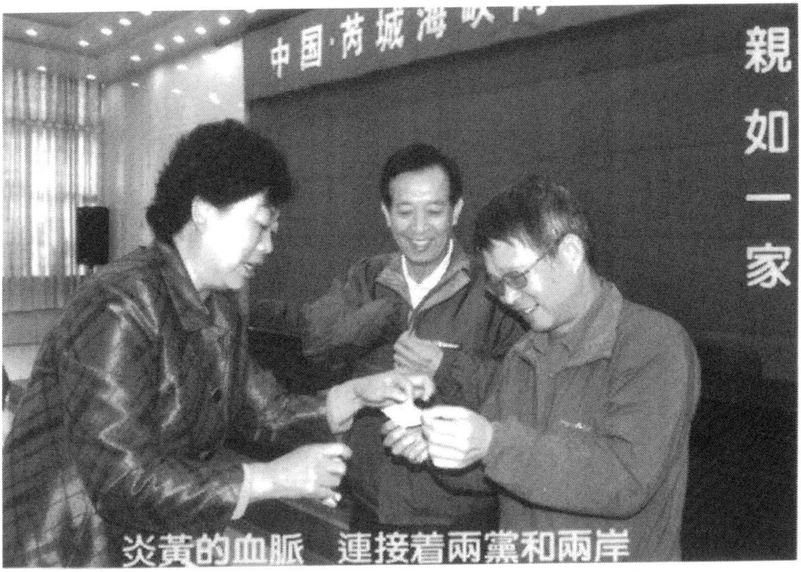
中国·芮城海峡
親如一家
炎黃的血脈　連接着兩黨和兩岸

山西芮城的領導

那年
我們兄弟到神州找根
找啊找，找到山西芮城
如親的根出來迎接

我們都是一家人
都是炎黃子孫
當下約定，共同努力
完成吾國最後的統一

山西芮城劉焦智

劉焦智《風梅人》報發行
天空攪起千層浪
吸引台灣知友們
大膽西進

劉焦智剖心細述
用他春秋文筆
喚醒民族精神
好步步推動民族復興大業

《鳳梅人》、西建人與臺灣貴客于西安機場合影留念。
左起：範世平、劉焦智、天使熊貓、陳福成、吳信義、楊增選

佛光山佛學夏令營

切一小片生活，檢查
盡是難以清洗的灰塵
隨便一擰
滴滴答答滲出不雅

佛光山是一部強力清洗機
不論紅塵多髒
一進山門
所有髒亂就消掉一半

道場所見

奇怪，道場很熱鬧
所見都和外面的人不一樣
無一像人
個個都是佛

裡面的世界和外面的世界不一樣
有佛講法
諸菩薩諦聽
緣來這裡是靈山淨土

澳門酒店，洪門

洪門很神秘
像一坐空門
沒有門路找不到
因無所不在

無所不在，在歷史中
已經不反清復明了
追求中國夢
民族復興。中國統一

水意江南

水做的江南
空氣濕漉漉的
茫茫煙雨中
未見有四百八十寺

晚上雨打芭蕉
風聲浸沒粼粼水歌
在夢的深處
花魂月影

喬家大院

大紅燈籠高高掛
光陰深陷灰色牆面
木石雕刻已顯滄桑
見證一個大家族興衰

時間就是金錢是沒錯的
越老越值錢
千百年值千百億
人潮帶來錢潮

在龍騰文化出版公司幹活

我們做的事
是企圖編寫一本國防通識
就可以讓年輕學子吃了
人人變成無敵鐵金剛

奈何邪魔歪道提供毒品
學子盡被毒化
我們只好收拾行李
回到寂寥的書房讀《春秋》

緣起緣滅

緣起如夢
夢中一枚飄葉
剛落地說是緣滅了
好不干心

有人風情萬種
拒絕緣滅
幾隻喝酒的鳥兒
決定用酒和八卦再續緣

參訪台大

因為是台灣的最大
都想來參訪
走馬看花，看不出歷史喊痛
也看不出倭寇的心計

我在此修行多年
感受世事，荒涼
當在一切幻滅之前
再聞一聞沉默校園的芳香

到歐大講經

范揚松開辦大學
專講創業發財
一觸即發的靈感
把沙漠變綠洲

我講授范蠡的商務經營
商聖財神說的
不是神話
別將商務聖經當禪宗

神州大地來一個主席

溫主席來了
帶著白花花的長江浪潮
在寶島撞出金閃閃的火花
我們迎接你，向你請益

主席，領航吧！
在茫茫無際的知識海洋中
由你引領前進
知識會產生：$E=MC^2$的力量

三公

不敢上比堯舜禹
舜何人也？余何人也？
有為者亦若是
我等願意向聖者學習

我們是一群朋友中的
三公，坐成山的姿勢
經常有詩歌和酒
在耳邊回旋

今天不寫詩

今天不寫詩
在這裡鬼混閒扯
詩在這鬼混閒扯中醞釀
才是真正的好詩

李白杜甫是這麼混過來的
喝酒抽菸吃西瓜
就斗酒詩百篇
快用歲月釀酒捲一支菸吧

此情可待成追憶

看這人與樹的風情萬種
五彩在風中徘徊
紅男綠女在樹梢起舞
此情可待成追憶

寶山水庫的深秋
七分是濃情愛戀
三分是想像曖昧
此情何時再有？

但願人長久

果樹長著一顆顆圓滿
手上拿一顆圓滿，剩過
天邊一座果園
滿足寫在臉上

圓月也有缺的時候
但這美好的記憶是無缺
在此分道後
願這情意長長久久

成都寬巷子

寬巷子裡有最寬的行囊
裝得下全部的月光
裝滿很多人的夢
歷史也住在這裡

古今英雄　才子佳人
琴棋書畫　愛情美酒
都在巷內舞動
天府之國縮影之一景

五台山菩薩頂

紅塵放逐於浮雲外
人輕得像一粒詩的意象
才上得了菩薩頂
沐浴法恩

慈悲的心開成潔白的蓮
才能看清菩薩的臉
我們就這一回因緣
是幾世修來的福？

衆樹唱歌

一花一世界，一葉一如來
看啊眾樹唱歌
各唱各的調
展演生命中煥然的光華
在時間的生滅裡
再一次讓古樹繁花盛開
就算雪花飄在樹梢
也不放棄追求再一次的爽
為生命的美好高歌

重慶大學掠影

我們打從這兒過
聞說裡面有寶
喜鵲唱起迎賓曲
就決定入寶山走一回

光陰的行腳一直趕路
幻影來去無蹤
來不急挖寶
只帶回如親人般的情誼

鄭州大學掠影

這是不久前的留影
很快舊了
舊成一件古蹟
夢舊了，不好解析

我是靠回憶吃飯的人
以回憶養老
獨自咀嚼寂寞
緣分才不會太快入滅

山西芮城永樂宮

中華眾神都住在這裡
坐鎮神州
自古以來都有一群惡魔
在神州造反

不驚，邪不勝正
炎黃子民信仰的儒釋道眾神
法力無邊
雖有苦難，歡樂亦永在！

中國全民民主統一會

我們在風花雪夜裡統一中國
在酒色財氣中完成大業
有多大的酒量
就有多大的江山版圖

老哥哥大氣人物
把他的豪宅當北伐指揮所
眾多人氣，八方風雨
會在他的豪宅裡

山西芮城呂洞賓故居

原來大仙和我們一樣
都是人
不知我們未來是否成大仙？
當仙好，不為三餐衣食煩惱

台北仙跡岩你曾駐蹕
我常去散步釀造一首詩
未見大仙芳蹤
只見無數花影在風中歌舞

詩人

我們都是詩人
除了寫詩，什麼都不會
每天玩弄一群文字
只求這些字能擄掠人魂

事與願違
我的錢財反被擄走
青春被掠奪
為什麼還有很多人想當詩人

文藝雅集

詩人雅集做些什麼事呢？
一桌子風花雪月
滿肚子春色無邊
據說這就是造詩的工廠

屈原的魂還在這裡遊走
我們的忠肝詩膽不萎縮
就算拿著缽化緣
裡面裝的也是詩

秋　水

那時我們相約在秋水
水色泱泱走向千里外
只為建設浪漫唯美
理想國

國主涂靜怡用她一生年華
守住江山版圖
在當代詩國的鹹味光譜裡
她是清香的一味

三月詩會

總覺得被什麼壓迫著
大家都在趕路
很多已經先走了
一些在後面心驚肉跳的追趕

大家不要急忙趕路
想想誰在壓迫大家
停下腳步，慢活
可以打敗壓迫者

詩友

詩友都是透明的
透明，如詩如酒如月色
都一起倒入酒杯裡
凝結為詩，以詩聯誼

詩人築巢於月色中
詩化成小鳥
一隻隻飛出，飛入詩國歷史
等後世詩友，考古

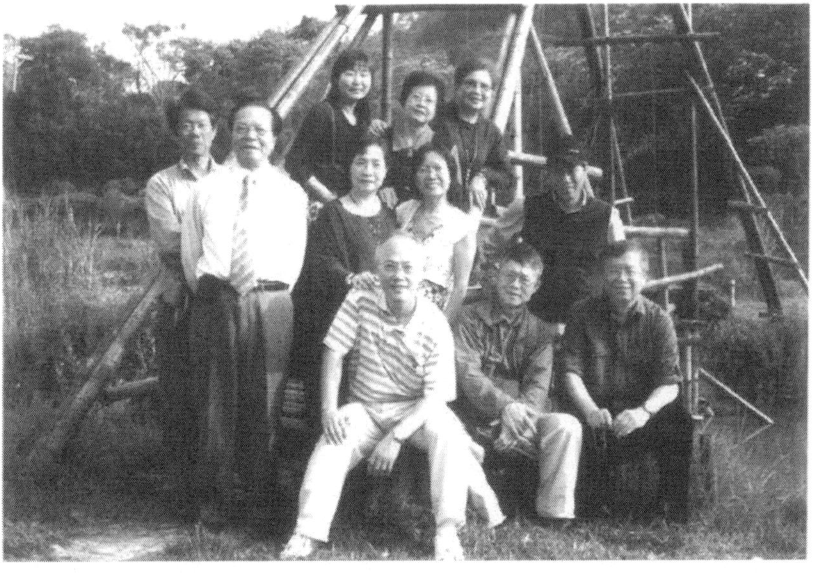

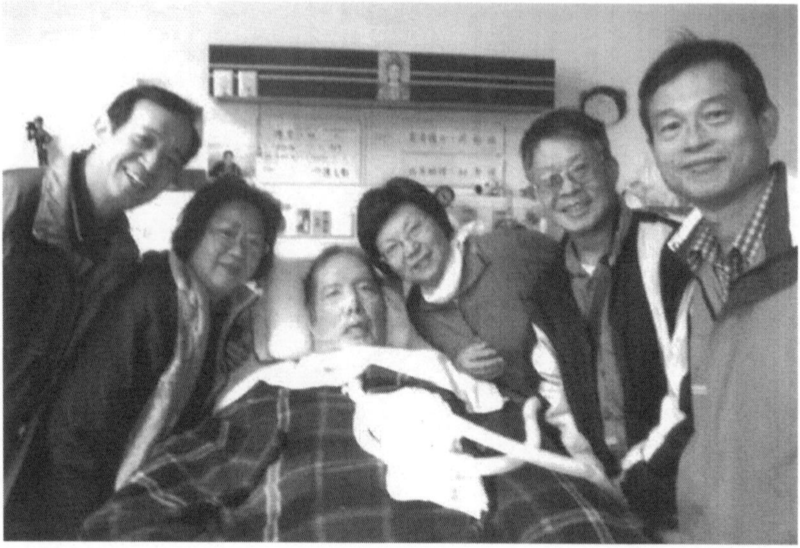

漸凍勇士陳宏

你定是菩薩示現
向眾生無言說法
生命宇宙皆無常
緣起則聚，緣散則滅

你用身體語言講經論道
我們充分感受和領悟
也要依著你的道
走向四方，傳道諸親友

尋根

三兄弟到根祖聖地找根
沿著手上一條條紋路
逆行而上
聽到祖先呼喚的聲音

血緣的路徑澎湃著
茫茫時空中有炊煙飄蕩
有聲音傳來
祖廟和祖靈就在這裡

山西蘇三監獄

人間到處有魔鬼
魔鬼轉世還是魔鬼
所以古今中外多得是冤案
把岳飛殺了，把馬英九關了

蘇三算是命好
走過漫漫長夜後
妳轉世去了哪裡？
找個美好時光重遊故里吧

台大梅峰農場

林木化成飛天瀑布
一如我們的理想
年輕的身影
已隨浮雲去

如今，解甲歸田
只能到處鬼混
誰在意
你這輩子混出什麼名堂

我們是吹夢巨人

我們曾一起構思理想國
要有多大的江山版圖
必須多少子民人馬
要有完美的品質和制度

我們四人有共同的特色
不是蓋的，我們從不吹牛
只吹夢
可以算是吹夢巨人

革命老夥伴

我們一起開展革命大業
在地圖上與敵廝殺
在哨所監視水鬼
和自己人玩師對抗

半個世紀大業一場空
從沒有機會革人家命
竟被一個妓女要革吾等老命
乃有八百壯士起來革命

回鄉解愁

鄉愁是無解的習題
唯一解藥是回鄉
那年我回鄉參加藝術節
果然就是神藥仙丹

鄉愁是一種生理感覺
肚子餓了要吃飯
或做愛做的事
做了，就是解藥

輯八 叮嚀

看這些星星
在臉上閃亮光
就知道未來的世界
我沉睡兩千年後
會起來驗證

從一朵花看天堂
一粒沙看世界
我們抱著的
是台灣的希望
中國的二十一世紀
人類的前途

想

午後發呆
呆呆，想，群群黑蟻
爬上心頭
梳理一段想—思
太陽急忙要趕路，沉落黃昏的笑意
微笑的小草們在春泥裡
誕生
很快，把春夏秋冬追過
把廿一世紀五〇年代丟在後頭
在星光下你們編寫人生篇章
故事，屬於你們的
你們的春秋

建國小巷（一）

安安靜靜的建國小巷
閃著革命大業落幕後斑駁的秋光
雜亂無章的小巷鐵皮屋旁
靜思安坐的老革命格外安祥
看得出他們一生千山飄蕩
流飄過金燦燦的海洋

建國小巷假日成了天堂
新新台中人一個個報到真夯
空氣中瀰漫著新生的微微醇香
一哭一笑牽動阿公阿媽的心房
長江後浪推著前浪老
功成名就後別忘
小巷是最初啟蒙的道場

建國小巷（二）

建國小巷，是一首古老民謠
經常有聲音
遙向神州大地陸杳杳
血緣不能被阻斷
歷史不能在小巷裡丟掉
覆蓋滅沒註消
紛沓的腳步聲不斷向故鄉探路

暮色中晃動的背影日見孤寂
陽光也凋謝
只剩一些零落的回憶
才說未完的故事
瞬間是噩耗
所有的情節都沉澱凝固
等待後來的有緣人考古出土

七條路

世間的路太多了
多說條條大路通羅馬
現在不見得
羅馬已經沒落
通北京大有可為

北京路的時代來了
你們的時代條條大道通北京
但別以為條條都是成功路
每條路都有坎坷、迷霧、土匪
乃至魔鬼、妖精
美麗的小溪也會淹死人的
用你們的智慧、慈悲和勇氣走路
七條真善美的道路

期勉七位新台中人

本來是一座崇高的大山
有機會和五嶽平起平坐
卻因種種原因快速變成一個小土堆
小土堆很快連重量也稱不出來
為什麼?
這一切都是態度的問題
成為一座山
山要有山的態度

綠水轉汙，繁花敗壞
色或是空　空或是色
及有或無　多和少
通常問題也出在態度

在別人眼中看來
只見態度
你用何種態度行走人生路
事關大路小路，有路無路
乃至活路死路
淮寧、淮毓、曉瑄、曉湉、曉宓、佑弦、巧欣
你們要記住舅公的叮嚀

我會永遠聽你們唱歌——給七個可愛的娃娃

淮寧、淮毓、曉瑄、曉湉、曉宓、佑弦、巧欣
七個可愛的娃娃
你們是新台中人、新中國人
你們的血液都留著炎黃子孫的基因
舅公和你們的時代相差半個多世紀
但我知道你們的人生都是一首亮麗的歌
我雖不能陪你們長大、成家立業
我會永遠聽你們唱出快樂的人生之歌

起初，你們可能在一塊沒什麼營養的草原上唱歌
也許有人聽，也許沒人聽，沒人理你們

別氣餒，只管唱，快樂唱
不久會有一些小山丘過來聽歌
當然舅公也在聽
不論用喊的用叫的，我聽那聲音都是動聽的
大家都滿懷快樂聽你們高歌人生的起站

不久你們站在一座不大不小的山頭歌唱
會有些聽眾或粉絲來加油
舅公也會在一個神祕的角落鼓掌叫好
你們的故事平凡而真誠
少不了有艱難和辛酸
我知道你們有勇氣克服，你們會相互鼓舞
高聲朗笑或哭泣都一樣動人
因為歌聲迎向朝霞，給人希望

後來你們會攀上人生的高峰

在高處展演你們人生的意義
詮釋你們和國家民族與社會蒼生的關係
你們用歌聲寫歷史說故事
舅公依然在一個高高的地方靜靜的聽著
但有些時候人算不如天算
或許你們也會碰上政局腐敗、社會黑暗
這時候不論你們選擇革命或造反
舅公一定都支持　而且
邀請天兵天將來助陣
畢竟，人間要正義，社會才光明

淮寧、淮毓、曉瑄、曉湉、曉宓、佑弦、巧欣
你們的人生是亮麗、健康的進行曲
舅公永遠是忠實的聽眾

瀟灑走一回

眾生都身不由己必須世間走一回
要一路瀟灑歌唱翩翩飛
在你成長學習的過程中
各種酸甜苦辣必然與你糾纏到底
酸鼻會找上門，邀月共飲能解愁
甜蜜很誘人，小心別上當
苦是一種鍛煉，吃苦當吃補
辣妹、辣手碰上了
沉著應戰
必能保你瀟灑走一回

這一條路也不好走
別誤信條條大路通羅馬的謊言

那八成是死路或絕路
路，最好自己開
何必走人家的路
所以真實的人生，大多時候
逢山開路，遇水架橋
上了山，有山谷、斷壁、森林迷宮
不小心就陣亡了
要過水，有浪潮、漩渦、潛伏逆流
不小心也會慘遭滅頂
但是，不要怕，不能怕
拿出勇氣、決心、智慧好好走
也能瀟灑走一回

推倒一面比柏林圍牆更大的牆

在很多人心中有一面面巨牆
比柏林圍牆大很多
這牆由一塊塊七情六慾磚建造
又用貪嗔癡慢疑黏膠連結
堅固無比
大火燒不盡　春風吹又生
大水沖不垮　水去又復原
巨牆有基因　代代傳承
但很奇怪　多數人皆說
沒看見呀，牆在哪裡？

你從出生、長大、成家立業
你就被這牆包圍　塑造
你被建構成一座巨牆
你被植入牆的基因
你一輩子為建構圍牆、悍衛巨牆
而打拼
九死而不悔
而說牆是不存在的

現在你老了，才發現一面巨牆
霸占了你全部的心空
你在牆內孤獨一生
現在你要找牆　牆在那裡
一定要找出來　放逐牆
推倒一面面牆　判牆的死刑
你才能隨風而去

去到那風也到不了的地方
自我解放